VIOLETTE

LE PRINCE IMPÉRIAL

LETTRE D'UN IMPÉRIALISTE

En Vente :

AU NOUVELLISTE DE L'YONNE

Prix : 0 fr. 50

AUXERRE

HARRIER, LIBRAIRE-ÉDITEUR

LE
PRINCE IMPÉRIAL

Né le 16 mars 1856

AU PALAIS DES TUILERIES

Mort en soldat sur l'Ytiotion, le 1er juin

jour de la Pentecôte.

VIOLETTE

LE

PRINCE IMPÉRIAL

LETTRE D'UN IMPÉRIALISTE

En Vente:

AU NOUVELLISTE DE L'YONNE

Prix : 0 fr. 50

AUXERRE

CHARRIER, Libraire-Éditeur

LE PRINCE IMPÉRIAL

L'anniversaire douloureux encore nous réunit, et pour la dixième fois le 1er juin nous retrouve aussi et même plus nombreux. C'est que le regret du passé et l'espoir dans l'avenir savent opérer la mobilisation, la concentration des fidèles.

Dix ans sont écoulés depuis le jour où retentit, comme un coup de tonnerre, cette foudroyante nouvelle : « Le Prince est mort, le Prince est tué. » Ce bruit, se répandant en Europe, plongea dans la consternation les souverains et les peuples. Les ennemis, eux-mêmes, restèrent frappés de stupeur en face de l'immensité de leur crime : les adversaires de la veille désarmèrent, car à côté de ce

noble et infortuné jeune homme il reste une
mère inconsolable, on lutte contre un Prince,
on s'incline devant une aussi grande infortune.
Le malheur est toujours sacré, mais il l'est
doublement lorsqu'il s'attaque à une Majesté
qui perd son trône, assiste à la mort de son
Empereur et survit à son fils. Alors on vit la
grille de Camden-Place pour la seconde fois
se tendre de noir, des femmes en deuil, une
foule d'Anglais et de Français également
émus, également recueillis, les soldats, l'arme
basse, s'avancer lentement au son déchirant
d'une funèbre harmonie, des étendards jetés
sur l'affût d'un canon : les étendards des
Anglais, nos alliés de Crimée, cachaient un
cercueil, ce cercueil contenait notre petit
Prince : La Providence avait touché à ses
réserves de l'avenir.

Lorsque l'Impératrice, abimée dans son im-
mense douleur, va jusqu'au lieu où repose
notre Prince et prolonge ses visites, ses sta-
tions auprès de ceux qui furent l'orgueil et
l'espoir de la France, elle n'est pas seule à
prier et à pleurer, nos vœux se joignent à ses
ardentes prières : les couronnes et les violettes
de France lui redisent les regrets unanimes et

les sympathies universelles de tout son peuple.
On a pu lui voler sa couronne, on ne peut lui
enlever le respect, le dévouement inébran-
lable que ses sujets lui témoignent. Le cœur
des Français sincères et dévoués est hors du
pouvoir des émeutiers.

En ce jour de deuil notre souvenir se reporte
en arrière et nous revoyons ces années heu-
reuses où la France grande et prospère se
reposait fièrement et avec une mâle assurance
sur l'épée d'un Napoléon.

Sous la seconde République, voyant l'anarchie reparaître, la France donne soudain à
l'héritier du nom de Bonaparte la force néces-
saire pour museler en un jour la révolution.
Huit millions de voix s'élèvent vers le neveu
du grand Empereur et lui disent : « Rends
l'épée, prends le sceptre, mais sauve nous de
l'anarchie, du massacre des archevêques et
des généraux. »

Arrivé au pouvoir et se souvenant de cette
parole : « Il n'y a plus de Pyrénées » il partage
son trône avec la plus belle, la plus noble, la
plus généreuse des Impératrices : « Quand on

est élevé, dit-il, par la force d'un nouveau principe à la hauteur des anciennes familles, ce n'est pas en entrant dans ces vieilles dynasties qu'on se fait accepter, mais plutôt en proclamant hautement la puissance de ce grand principe. »

A l'approche de l'Impératrice, la misère recule d'un pas. Il n'est pas une infortune qu'elle n'ait soulagée, pas une larme qu'elle n'ait essuyée. Pour cela elle ne vendra pas les diamants de la couronne, elle donnera la couronne de fiancée que lui offre la ville de Paris, elle fondera dans le quartier de la Bastille l'hôpital Sainte-Eugénie, elle se dira la protectrice de l'enfance.

Un fléau noir nous vient d'Asie... le choléra (puisqu'il faut l'appeler par son nom) s'abat sur la France. Il dut disparaître devant sœur Eugénie descendue du trône pour le terrasser, cet ennemi fuit quand une femme ose le regarder en face. Sa Majesté va à l'hôpital Lariboisière, où il sévit avec le plus de fureur, visite toutes les salles, ranime le personnel par sa présence, console et réconforte les malades par ses paroles affectueuses et ses témoignages de bienveillance et de sympathie.

Le ciel comble la France de faveurs et de bienfaits, il exauce le plus ardent de ses vœux en lui garantissant l'avenir par la naissance d'un Prince. Jamais naissance ne fut saluée avec plus d'enthousiasme. Le peuple entier acclame au 16 mars celui qu'il baptise son petit Prince. L'Empereur et l'Impératrice se déclarent les protecteurs de tous les enfants nés le 16 mars et les comblent de largesse durant leur prospérité.

Désormais l'avenir appartient à la France. L'Empereur a gagné des batailles, a pris des drapeaux pour le petit Prince ; son existence est enguirlandée de gloire : tous les yeux sont fixés sur ce berceau en forme de vaisseau que Paris a voulu sculpter lui-même : à l'avant et l'arrière des anges dirigent l'embarcation, au-dessus un archange tient une couronne suspendue sur la tête du Prince Impérial. Et la mignonne Altesse grandit, et l'enthousiasme de son peuple croît en même temps. Sa Sainteté le pape Pie IX est son parrain : il est entouré de tout l'épiscopat français : après la cérémonie du baptême le petit Prince est reconduit aux Tuileries. Deux maréchaux de France sont à la portière, les héros de Crimée ; il est escorté par un détachement de spahis dont les longs manteaux rouges forment, en flottant, une auréole de pourpre.

Pour lui l'armée a remporté des victoires, l'histoire s'est enrichie de pages immortelles, le drapeau s'est couvert de noms glorieux, nos soldats ont émerveillé les nations en s'élevant non-seulement au-dessus des obstacles, mais en se surpassant eux-mêmes.

Après ces victoires, les souverains de l'Europe deviennent les hôtes des Tuileries, tous les peuples rendent hommage aux Français : toutes les Cours recherchent l'amitié de la France.

Et toujours le peuple a le regard fixé sur son petit Prince : à sa mère il a pris la bonté d'âme, la grâce, l'amabilité ; il fascine, il captive ceux qui l'approchent ; de son père il aura la fermeté de caractère, le coup d'œil et le génie de son oncle.

Mais si la France a mis en lui son espoir, il en est digne et déjà son cœur se révèle. Dans une promenade il est acclamé par les cris de « Vive le Prince Impérial. » Il veut savoir d'où proviennent ces vivats. Ce sont de pauvres soldats qui expient, par quelques jours de prison, une petite indiscipline, il demande : « Peut-on les gracier ? » — « Oui, le délit est peu de chose. » — Eh bien ! alors mon pouvoir doit être assez grand pour obtenir leur pardon. » Une foule de traits de cette nature peignent ce qu'eût été le souverain... Bon, généreux, magnanime.

Mais un mouvement s'est produit dans l'opinion, les ennemis de l'Empereur espèrent à leur gré, diriger les esprits, inspirer les votes et ils provoquent un nouveau plébiscite, ainsi ils donnent à leur projet de démolition l'apparence de la légalité. Mais neuf millions de suffrages viennent ratifier le choix que le peuple a fait de son Empereur, il est et il entend n'être gouverné que par un Napoléon.

On a voulu toucher au pouvoir de l'Empereur, à la couronne du petit Prince, mais dans un magnifique élan la France entière s'est levée pour confirmer et consolider la constitution Impériale. Les adversaires ne veulent pas s'avouer vaincus et pour abattre les aigles de nos drapeaux, ils sacrifièrent tout : le sang des soldats français, des lambeaux de la patrie sanglante. Ce n'est pas, disent-ils, payer trop cher de cinq milliards et de deux provinces le renversement de l'Empire.

Napoléon, sur son trône, les embarrasse, ils le renversent avec l'aide des vaincus d'Iéna et parviennent même à mettre des apparences de tort du côté de l'Empereur. Quand on veut avoir un état de paix imposant, l'opposition s'écrie : « Vous voulez donc faire de la France une vaste caserne. » Et le maréchal Niel est obligé de répondre : « Vous voulez donc en faire un vaste cimetière. » Dans un mouvement de haute éloquence, J. F... dit : « Paris, jamais l'ennemi ne foulera tes immortels pavés, France, jamais nous ne céderons ni un pouce de terrain, ni une pierre de tes forteresses. » La guerre est déclarée. L'Empereur va prendre le commandement des armées, mais il part sans enthousiasme, il a le pressentiment du rôle de victime dont on l'a chargé. Le Prince l'accompagne, il va recevoir le baptême du feu. Fièrement il supporte l'épreuve; ce combat est une victoire, mais c'est le dernier sourire de la fortune à l'adresse du Prince Impérial. La lutte continue et l'Empereur est vaincu. L'Impératrice veut faire la paix et traiter avec l'ennemi. « Ne prolongez pas la résistance, n'espérez plus vaincre ceux que n'a pu vaincre mon Empereur. » Mais l'Impératrice est obligée, alors qu'il suffisait d'un peu de sévérité, d'un signe pour comprimer et arrêter l'émeute de Paris, de prendre le chemin de l'exil, c'est qu'elle ne veut pas qu'on répande une seule goutte du citoyen français, même révolté pour sa couronne, elle ne veut pas qu'on dise un jour qu'elle a tiré sur le peuple *des fenêtres des Tuileries*. Et pourtant un seul coup de fusil eut empêché la Commune, le pillage, l'incendie des Tuileries, de Saint-Cloud, de l'Hôtel de Ville, de la Cour des Comptes, les massacre des otages et des généraux...

Mais la France n'est pas complice de ce coup de main, de ce crime de lèse-patrie et elle ira au-delà du détroit chercher les neveux de celui qui fut déjà son libérateur.

La date du 9 janvier, comme un glas funèbre, retentit à l'oreille des Français. En ce jour expira loin de la France celui qui fut son Empereur. Le deuil est conduit par le Prince Impérial, grandi par le malheur, mûri par l'exil. Il apparaît comme la personnification de la force et de la douceur. L'année suivante, on vient acclamer sa majorité. Ils étaient là vingt mille et cinq heures durant ces vingt mille, représentant huit millions de fidèles, à leur tour saluaient le Prince, il les recevait avec ce charme, cette aisance, cette distinction qui lui était personnelle, et ses mains princières serraient les mains de ses dévoués qui venaient lui exprimer les vœux de la France entière. A chacun il savait adresser un sourire, un de ces mots aimables dont il avait le secret, et tous conservaient précieusement le souvenir de cette grande journée.

Le Prince a compris l'étendue de ses devoirs, il sera à la hauteur de sa mission et digne de la confiance que le peuple a placée en lui. Il n'oublie pas les recommandations de l'Empereur et, avec ardeur, il s'est donné à l'étude.

Mais il y a dans l'existence, surtout chez

les âmes prédestinees, des heures difficiles
où l'âme, dévorée par la soif du dévouement
et du sacrifice, cherche l'occasion de s'offrir,
et toujours il pense à la France. Il voit sa
patrie en détresse ; elle tourne vers lui son
regard languissant et l'appelle de ses vœux.
Ce peuple qui a salué sa naissance, acclame
son retour. Les fidèles l'entourent, tous lui
font cortège, et bientôt la France a repris son
premier rang, reconquis sa gloire un instant
ternie, oui sa gloire, car il a rendu à sa
patrie les provinces qu'on lui a arrachées...
Mais hélas, ce n'est là qu'un rêve et la réalité
se dresse implacable, la réalité pour le
Prince c'est l'exil, l'exil avec ses ennuis,
l'exil avec sa mélancolie, l'exil avec son inac-
tion forcée. Il trompe l'inévitable uniformité
de son existence par l'étude, mais l'aigle ne
peut vivre dans une cage, il lui faut l'espace,
il est à l'étroit dans cette île.

Wolvich, Chislehurt ne lui suffisent pas.
Le cap l'attire. Ses compagnons d'armes sont
au feu et sa place est marquée là au milieu
du danger, il veut s'essayer à sa gloire... et
ce fut dans une de ces heures de tristesse
qu'il prit cette fatale résolution contre la-

quelle tout devait être inutile, les larmes
d'une mère, les supplications affectueuses,
les prières amicales

Le départ est arrêté, le jour fixé. Avant
de partir pour cette contrée lointaine, sauvage et cruelle, il dit à son aumônier ; « De-
main j'assisterai à la messe et recevrai le
pain des Braves. Ne croyez pas que les pré-
paratifs de mon expédition me fassent négliger
mes devoirs de chrétien. » Qu'il devait être
beau mon Prince s'écriant, dans la force de
l'âge, dans l'énivrement de ses vingt ans :
Capoue ne vaut rien pour personne, moins
pour un Prince que pour un général. Élevé
dans le sein d'une chaste héroïne, je n'ai
point démenti l'origine de mon sang. Mon
maître estimé, sage entre tous, daigna m'ins-
truire encore au sortir de ses mains. J'ai
poussé la vertu jusqu'à la rudesse. Paraissez
bals, soirées, joignez-vous ensemble et faites
une armée pour triompher de moi, c'est trop
peu de vous. *« Mon Dieu, pour moi plus de bon-
heur, je le fuis, enlevez-le de ma route. Si vous
voulez faire des représailles frappez-moi, si vous
ne voulez répandre sur cette terre qu'une certaine
somme de joie, prenez la part qui me revient. »*

Et l'instant de la séparation arrive... il embrasse sa mère pour la dernière fois, monte sur le pont, se retourne, salue encore et le vaisseau glisse doucement sur les ondes. Déjà les siens n'aperçoivent plus qu'un point presque imperceptible qui disparaît dans l'Océan... Ah! lorsque, de nouveau, le navire entrera en rade, vos yeux, pour jamais, seront éteints, et à votre mère, à vos amis on ne rendra qu'un cadavre. Pourquoi vous êtes-vous arraché aux mains qui se tendaient vers vous pour vous enchaîner au rivage, pourquoi avoir été insensible aux voix qui vous suppliaient de rester?

Notre Prince a débarqué sur cette terre sauvage qui, en échange de son héroïsme, ne lui réserve que la mort. Mais on dirait que le ciel ne nous le montre si parfait que pour nous le faire regretter encore davantage. Nous l'admirons, mais lorsque nous voulons le saisir, il n'est plus!!

On disait de sa mère : Toute autre place qu'un trône eut été indigne d'elle. On dit de lui : Aucun trône n'était digne d'enchâsser ce diamant si pur, d'un éclat si brillant, il lui fallait autre chose que les trônes de la terre, et la Providence qui distribue les couronnes, qui élève les peuples et les abaisse, qui prête les Empereurs, à qui seule appartient l'avenir, jaloux de notre espoir, le voulait pour Elle seule et pour le ciel cueillit notre Prince. Ils meurent jeunes ceux qui sont aimés de Dieu.

Un matin, on part en reconnaissance, on avance... personne, on fait halte, et on met pied à terre. Le Prince prend un croquis, son occupation favorite, puis il devient pensif et rêveur. Tout à coup on signale la présence de l'ennemi. Allons!... dit le Prince, s'arrachant à regret au souvenir de sa mère et de la patrie lointaine. Mais les hautes herbes s'agitent, l'ennemi se découvre, la lutte s'engage, ponctuée par des clameurs sauvages. Le Prince jette un regard autour de lui. Il est seul! Dans le lointain, un nuage de poussière est soulevé par le galop des chevaux qui emportent leur cavalier dans une course furibonde. On l'a abandonné. Froidement il envisage sa situation. Mais dès que l'officier aura remarqué son absence, ce qui ne saurait être long, il reviendra sur ses pas. Ce qu'il

lui faut, c'est gagner du temps. La cartou-
chière est bien garnie, il ne désespère pas.
Bravement il fait face à l'ennemi et l'attend
de pied ferme : la lutte se prolonge, la pro-
vision des balles s'épuise, personne n'apparaît... Chaque coup est une victoire, car
chaque balle abat un ennemi, mais ces victoires, comme celles du général romain,
diminuent ses forces, car elles épuisent ce
sang si pur et si vermeil. Et puis que vou-
lait-on qu'il fît seul contre tous, sinon qu'il
mourrût.

Déjà son corps n'est plus qu'une plaie...
sa dernière balle est allée se perdre dans
l'herbe, et son revolver encore fumant, désormais inutile, s'échappe de sa main défail-
lante et roule à ses pieds, son casque est
tombé, le sang s'échappe à flots de ses
blessures, mais il ne veut pas mourir encore.

De son bras droit, plein de sang, qui ne peut
plus combattre, il se fait un bouclier, de la
main gauche il saisit son épée pour percer
ceux qui oseront l'approcher, s'il tombe, il
vendra au moins chèrement sa vie... Mais résistance vaine et vains efforts. La vie aban-

donne ce cœur de lion frappé de dix-huit blessures mortelles.

Il est étendu à terre n'ayant pour reposer sa tête que des herbes bientôt inondées de son sang, pour apaiser sa soif que le soleil brûlant du désert, pour reposer ses yeux déjà voilés par la mort, que le hideux tatouage du sauvage, comme dernière parole de consolation que le sifflement de la zagaie, l'ennemi le poursuivant jusque dans les bras de la mort.

Le plus pauvre parmi les plus infortunés est assisté, à son heure dernière, mais le fils de notre Empereur, celui dont la naissance fut saluée par le bronze des Invalides, meurt seul abandonné. Personne n'est là pour essuyer la sueur froide, la sueur de la mort qui perle sur ce beau front, personne pour entendre le dernier battement de son cœur, personne pour serrer cette main qui, dans une suprême étreinte, saisit convulsivement son épée comme pour lui demander les secours que les hommes lui refusent:.., personne pour clore ces paupières qui, dans un dernier regard cherche encore le ciel de la patrie..., personne pour recueillir son dernier souffle et porter à sa mère ses dernières paroles qui furent : bonne... mère... Mon Dieu.

Il expire. L'Impératrice n'a plus de fils! Nous, nous n'avons plus de Prince! Et on vint annoncer à Sa Majesté que le fils de Napoléon, le filleul du pape Pie IX était mort en héros et en chrétien, et les anges qui veillent aux destinées de la France conduisirent sa belle âme au trône du Très haut pour grossir le nombre des élus.

FIN

DÉJA PARU:
> Le Retour de l'Aigle.

PARAITRA PROCHAINEMENT:
> L'Empire.

116

9 782013 356220